AVERTISSEMENT

AU PAYS.

IMPRIMERIE DE SCHNEIDER ET LANGRAND,
rue d'Erfurth, 1.

AVERTISSEMENT

AU PAYS,

PAR

E. QUINET.

Enfin, il faut dire la vérité. Malheur,
malheur à eux s'ils ne la disent pas ; et
malheur à vous si vous n'êtes pas digne
de l'entendre !

Lettre de Fénelon à Louis XIV.

PARIS,

CHEZ PAULIN, ÉDITEUR,

RUE DE SEINE, 33.

———

1841

AVERTISSEMENT

AU PAYS.

L'honneur est-il perdu ou sauvé ? Étrange question, déjà pleine de calamités, puisqu'on a pu la poser. Si la discussion qui vient à ce sujet d'émouvoir l'Europe ne doit pas se réduire à un vain cliquetis de mots, il est nécessaire de résumer les résultats de ce grand pugilat de parole. L'orateur peut ne voir que son adversaire, et dans cette lutte corps à corps, il est même inévitable qu'il s'occupe des personnes au moins autant que des choses ; au lieu que l'écrivain, retiré loin de la mêlée des partis, a pour mission d'expliquer ces duels particuliers par une vue générale, de renouer le fil logique brisé par tant d'opinions aux prises, d'arracher la conclusion que toutes renferment sous des formes contradictoires, de placer ainsi désormais hors de leurs atteintes l'évidence qui a jailli de ce choc ; en sorte que le devoir de l'un commence au moment où celui de l'autre finit.

Que reste-t-il du spectacle que vient de donner la tribune ? Une seule chose qui, il est vrai, a été mise hors de doute par chacun des orateurs. L'affaissement de l'État, son impuissance dans les petites comme dans les grandes affaires : voilà le fond, le résumé, la substance de tous leurs discours. Ils ont soulevé eux-mêmes la robe de César, et ils ont étalé aux yeux les blessures qu'ils lui ont faites. Seulement, loin de chercher la cause de cette chute extraordinaire, ils ont mieux aimé se braver, se défier, s'accuser, se poignarder les uns les autres ; et peut-être, en effet, fallait-il un courage moins fier pour se déchirer mutuellement, que pour faire entendre enfin la vérité toute nue, et pour montrer par quelle suite d'erreurs, de concessions, d'aberrations, ils ont tous été enveloppés, puis entraînés dans cet abîme de misère qui est tel que la pitié a désarmé pour un moment ce qu'ils ont chacun à leur tour provoqué de ressentiments et de colère. De cette conspiration de presque tous, pour ne rien dire de trop sincère, il est arrivé que les Chambres, dans leurs réponses à la couronne, n'ont pas prononcé une parole sur le principe de tant de faiblesse. On a implicitement avoué sa défaillance. Tous les pouvoirs de l'État se sont réunis pour constater légalement, officiellement, solennellement, les plaies de la France. Mais un remède à de si grands maux, en est-il un seul qui ait été proposé?

Que suis-je pour mêler ma voix à ce débat? Rien, et c'est pour cela que j'attache quelque estime à mes paroles, puisque n'ayant rien à attendre de personne, ce que j'écris, je sens bien que ma conscience seule me presse de l'écrire. Je ne me vante ni d'amour ni de haine pour la couronne. Les uns la flattent, les autres la menacent. Je voudrais seulement lui dire la vérité; car je vois que ceux auxquels il conviendrait le mieux de parler et d'écrire, ont la langue liée, par je ne sais quelle puissance; et je remarque que la vérité est plus difficile à faire entendre à un prince constitutionnel qu'à un roi absolu : tous ceux qui approchent du premier ayant, par l'instabilité même de l'administration, l'espérance d'obtenir le pouvoir, ne sauraient consentir à déplaire, même un seul moment; au lieu que, sous le second, les rangs étant

plus fixes, les ambitions moins éveil-
lées, il est des hommes qui ne com-
promettent rien, en disant tout ce
qu'ils pensent. Je doute fort que parmi
tant de ministres et de gens de cour,
il se trouvât aujourd'hui un seul
homme capable de dire en face à un
roi constitutionnel ce que Fénelon
écrivait à Louis XIV dans toute sa
gloire : « Sire, le peuple même (il
« faut tout dire), qui a eu tant de con-
« fiance en vous, commence à perdre
« l'amitié, la confiance et même le res-
« pect [1]. »

Assurément, si quelque chose est
fait pour étonner, c'est de voir un

[1] Fénelon, vol. III, page 441,

grand pays regorger d'hommes et de richesses, florissant par l'agriculture et par l'industrie, plein en quelque sorte de muscles et de bras, et qui, d'autre part, avec toutes les apparences de la prospérité et de la force, est incapable de se mouvoir. Qui l'empêche de paraître et d'agir? Comment accorder cette fécondité et cette stérilité, toutes les marques de la plénitude et tous les signes de l'affaissement? Comment un si grand développement de forces physiques et tant de productions matérielles ont-ils pour résultats l'anéantissement de l'influence extérieure? Jamais la France n'a pu nourrir tant de bras: jamais elle n'a compté pour si peu de chose dans le monde. Pourquoi cela? Parce que si le corps de l'État est fort, l'âme qui régit tout cela est débile; parce que si la politique extérieure est ruineuse, c'est que la politique intérieure l'est au même degré; que l'une est la conséquence de l'autre; qu'on ne peut blâmer ou approuver la première sans blâmer ou approuver la seconde; qu'en un mot, si le pays ne se relève pas de 1815, c'est qu'en 1840 son plus grand mal est au dedans.

En effet, vous avez tous les inconvénients de l'aristocratie et de la démocratie sans posséder aucun des avantages ni de l'une ni de l'autre. Vous avez de l'aristocratie les priviléges politiques avec le cortége de haines qu'ils

entraînent à leur suite, l'envie des in-
férieurs, la dureté des maîtres, l'inquiétude perpétuelle d'être dépossédé,
d'où la peur de tout changement; et
vous n'avez pas la continuité dans les
projets, la circonspection, la maturité,
le grand sens, la connaissance unie à
la patience, d'où naît la prospérité des
États fondés sur une oligarchie. D'autre part, vous tenez de la démocratie les discordes, la mobilité, les in-
certitudes, l'amour de l'imprévu; et
vous ne connaissez pas l'élan des
esprits, l'enthousiasme contagieux,
la fraternité, et ces sublimes ardeurs
de courage qui fascinent le monde.
C'est là une des causes de votre faiblesse, si ce n'est celle qui couvre

toutes les autres. Les aristocraties de l'Europe vous estiment trop démocrates pour s'allier à vous, et les peuples trop aristocrates pour vous tendre la main. Voilà pourquoi vous êtes seuls dans le monde, n'ayant pour vous ni les princes qui vous haïssent, ni leurs sujets, qui, sans aller jusque-là, se contentent de vous soupçonner de les trahir.

Aussi bien, qu'avez-vous fait? Si la bourgeoisie avait une mission dans le monde, c'était assurément de devenir le guide, l'instituteur, ou plutôt l'organe, la tête du peuple; c'était là une mission sacrée pour laquelle elle avait reçu l'intelligence, la science, l'expérience des temps passés. La pa-

role, la pensée lui avaient été données
pour parler et penser au nom d'un
peuple tout entier. L'occasion était
grande ; il s'agissait de préparer, d'i-
naugurer l'avénement de la démocra -
tie dans le monde européen. Qui n'eût
cru que la grandeur de cette œuvre
allait agrandir, relever tous les esprits ! Loin de là, à peine parvenue à
posséder l'autorité, la bourgeoisie en
est infatuée comme tous les pouvoirs
qui l'ont précédée ; même elle se laisse
fasciner plus vite qu'un individu. Elle
ne voit plus, elle n'entend plus la nation dont elle devait être la parole vivante. Elle se répète à son tour par
mille bouches : L'État, c'est moi ; elle
fait pis qu'oublier le peuple, elle s'en

sépare; d'où il arrive que la démocratie reste pour un moment mutilée. D'un côté se trouvent les forces de l'intelligence, de l'expérience, de la science politique; de l'autre, le tronc pantelant de la démocratie, qui, privé de son chef naturel, et en quelque manière, décapité, cherche aujourd'hui à se reformer une tête. La bourgeoisie sans le peuple, c'est la tête sans le bras. Le peuple sans la bourgeoisie, c'est la force sans la lumière. Seconde cause du dépérissement de l'État.

Dans ce partage violent de la démocratie, quelle a été l'occupation constante du gouvernement? Il s'est placé entre les deux parties, comme un corps étranger, pour empêcher qu'elles ne puissent se réunir. C'est le pouvoir qui, le premier, constatant, réglant cette guerre des classes, a inventé pour cela un langage nouveau; et si Casimir Périer a une place dans l'histoire, ce sera pour avoir rangé la France de 1830 en deux camps opposés : le pays légal et le pays illégal. De ce moment, chaque ministère n'a plus cessé d'élever, d'agrandir la barrière entre l'un et l'autre. Quand la bourgeoisie a essayé de se rapprocher du peuple, cela s'est appelé défection. Quand le peuple a essayé d'entrer dans la bourgeoisie, cela s'est appelé sédition. On a tracé un cercle fictif dans lequel a été renfermée la vie publique; hors de là rien

2

n'existe et tout est mal. Jeunesse, vie, enthousiasme, espérance d'un ordre meilleur, tout cela, ils le nomment passions mauvaises. Et en effet, comme ils relèguent la plus grande partie de la nation loin de toute vie politique, il résulte que dans cette sorte de bannissement, les esprits s'exaltent, qu'ils convoitent l'impossible; que, repoussés de la société, un grand nombre rêvent de la détruire pour habiter au moins ses ruines. On croit dompter les passions qu'on éloigne : on ne fait que les corrompre et les enivrer dans le vide. Le désespoir dans lequel on se vante de les maintenir enfante les utopies que l'on veut étouffer; dans ces vagues régions, fermées à l'espérance, naissen les chimères, les projets destructeurs, les inimitiés irréconciliables. On s'accoutume à vivre comme si l'on appartenait à deux peuples différents; et l'on voit peu à peu une société assiégée des vagues frayeurs, des tremblements subits qui s'attachent à toute usurpation; pour se dérober, elle change incessamment de système et d'administration, comme Cromwell changeait de place pour dormir dans son palais.

Êtes-vous las de ces vagues terreurs, rentrez dans la vérité, s'il en est temps encore. Depuis 1815, la France est en pleine retraite devant l'Europe. Cette retraite commence à se changer en une déroute. L'heure est venue de s'enraciner quelque part, de se rallier sur un

sol assuré; et pour cela il faut chercher où sont la force et le fondement
de ce pays.

Qui donc êtes-vous? il est bien temps
de vous le demander. Si vous êtes une
monarchie puissante, en qui se résume
tout le génie d'une contrée, levez-vous!
Servez-vous de cette autorité pour relever cet État qui s'affaisse. Communi-
quez-nous votre force surabondante;
montrez ce que peut l'unité dans le
pouvoir souverain. Jamais plus grande
occasion n'a paru de faire usage de ces
trésors amassés d'énergie que l'autorité
d'un seul renferme, dit-on, pour les
moments suprêmes. Si vous êtes une
aristocratie, j'y consens encore. Mon-
trez-nous cette politique soutenue, ces

fiers courages, ces âmes durement
trempées, qu'aucun péril n'ébranle,
qu'aucun piége ne déconcerte; resser-
rez, si vous le voulez, le cercle de votre
institution pour la rendre plus efficace.
Renouvelez-vous, raffermissez-vous par
votre principe; et donnez-nous pour
un moment le spectacle de l'une de
ces fortes oligarchies, qui, aux prises
avec le péril, par des miracles d'au-
dace et de résolution inébranlable,
sauvent silencieusement l'État, et in-
timident tout ensemble leur patrie et
le monde. A ce prix, je supporterai de
grand cœur l'insolence de quelques-
uns. Je leur pardonnerai l'infatua-
tion, si, comme les lords anglais ou
les quatre cents rois de Venise, ils me

montrent la grandeur de l'État, pro-
duit de leurs travaux et de leur génie héroïque. Mais si vous avouez que
vous êtes une société démocratique,
c'est mon droit, c'est celui de toute
créature raisonnable d'exiger de vous
que vous soyez conséquents avec vous-
mêmes, c'est-à-dire que vous soyez,
dans les circonstances présentes, tout
ce que comporte une société de ce
genre. Je ne discute point, en ce moment, sur la valeur absolue d'une société semblable ; je prétends seulement
que, puisque d'après vous, l'État est
affaibli, il le faut fortifier conformé-
ment à son principe ; et, de même que
si vous étiez une monarchie encore in-
tacte ou une aristocratie, je vous sup-

plierais de rentrer dans la nature de
votre gouvernement relâché, de même
aujourd'hui je vous adjure de chercher
la force où elle est, c'est-à-dire dans
la nature de votre société, en un mot,
dans l'organisation puissante de la démocratie, puisque c'est là le seul ter-
rain qui vous appartienne, le seul qui
vous reste, où vous puissiez vous placer pour relever la France et faire tête
à l'Europe.

Que si vous vous appelez conserva-
teurs, je dirai qu'il est bien temps, en
effet, de conserver ce pays. A quoi j'a-
joute que s'il est des droits ébranlés,
il convient de les protéger. Mais plus
vous publiez par là votre faiblesse et le
danger permanent que vous courez,

plus aussi vous montrez que l'État ne peut fonder sa force et son appui principal sur des opinions, des situations, des sentiments, des systèmes qui ont besoin eux-mêmes d'être en tutelle. Ou la bourgeoisie se sent inexpugnable, et alors pourquoi ces vagues frayeurs, pourquoi ces précautions désespérées contre l'accroissement de la démocratie? Ou elle se sent faible, et dans ce dernier cas, qui est le seul véritable, comment faire rouler toute la politique de la France sur l'impuissance solennellement constatée d'une partie quelconque de la nation? Tout autre chose est de garantir les faibles, ou de faire de leur faiblesse le pivot de l'État. Que serait aujourd'hui ce pays, si, lorsque

Richelieu eut reconnu l'affaissement de la noblesse de France, il eût employé, consumé toutes les forces publiques à réparer, restaurer l'aristocratie, et à se faire de ce fantôme, ainsi protégé et déguisé, un levier pour soulever l'État ? Ce point aurait manqué sous l'effort. En même temps, toute la politique de Richelieu aurait croulé. Au lieu de cela, il s'aperçut que la force véritable avait passé ailleurs, et c'est là qu'il chercha son point d'appui. Aujourd'hui, je vois, l'un après l'autre, tous nos hommes d'État occupés, en hommes de partis, à réparer l'irréparable, et à se défier de la force réelle, incapables de l'employer. Depuis dix ans, ils établissent leur levier sur le système intérieur qu'ils disent eux-mêmes le plus menacé, le plus affaibli, pour lequel ils demandent le plus d'efforts de conservation. Sous la pression de l'Europe ce levier a manqué. Ce système est tombé; toute la politique du dehors a croulé avec lui. L'État, perdant l'équilibre, a été à deux doigts de sa perte, et tout voisin de l'infamie. Quelle est, selon vous, la conséquence logique, nécessaire, inévitable de ces faits avoués par vous tous? Encore une fois, cette conséquence à laquelle l'intelligence ne peut se refuser, quand même les lèvres la repoussent, la voici : la nécessité de changer de système, d'asseoir l'État sur une base plus large, de puiser la force où elle est, et comme, amis ou ennemis, vous confessez tous que c'est la démocratie qui possède la force, cette nécessité aboutit à celle de revenir à ce principe, de l'avouer hautement, et de le mettre en pratique.

Le point de fait le plus incontesté de la dernière discussion est sinon la rupture, du moins l'affaiblissement de l'alliance anglaise. Vous semble-t-il que ce fait n'ait aucun sens ? J'imagine, au contraire, que sa signification est profonde. Vous reconnaissez par là que marcher à la suite de l'Angleterre, c'est marcher à votre ruine dans les affaires extérieures ; reconnaissez donc, par la même raison, que le torysme français vous mène à l'intérieur au même abîme. Vous renoncez à suivre l'Angleterre dans les choses du dehors; hâtez-vous de renoncer à l'imiter dans les choses du dedans. Ces deux faits sont corrélatifs; l'un entraîne l'autre après lui : il faut ou les admettre, ou les rejeter tous deux ensemble.

Je ne suis pas, en effet, de ceux qui pensent que tout le mal en France est dans la bourgeoisie, ou dans la démocratie. Je suis bien plutôt tenté de croire que le plus grand vice vient de leur séparation, et que les choses en sont à ce point qu'il n'est au pouvoir d'aucun parti de sauver le pays, et que le salut n'est possible qu'en les cimentant en les ralliant les uns aux autres dans le sein de leur principe commun. La bourgeoisie a été frappée de stérilité depuis que, reniant ses pères et ses frères, elle s'est détachée de sa racine. Telle n'était point la pensée du tiers état pendant toute la durée du moyen âge. Relisez ses cahiers, ses doléances, ses *avertissements*. Combien il était loin alors de se séparer, en esprit, de ce peuple de France pour lequel il priait, conjurait, suppliait les oppresseurs communs; et que la parole grossière du moindre de ces orateurs à genoux avait plus de puissance que les discours magnifiques et sans écho de nos beaux harangueurs de tribune! De nos jours, à peine la bourgeoisie s'est distinguée du corps de la nation qu'elle en a été punie par

l'effroi. Dans cet isolement, tout l'in-
quiète et la consterne : une parole
trop haute, un groupe d'hommes qui
passent, le silence même la troublent
et lui font présager sa chute. Elle n'ose
ni reculer ni avancer, tant il lui semble que le sol menteur est près de
s'écrouler sous ses pas. Tout lui semble piége, embûche; et, en effet, de quelque côté qu'elle se tourne, elle se sent
atteinte aussitôt que menacée, puisque
c'est elle-même qui se porte les plus
grands coups : état insupportable pour
un individu, et presque incompréhen-
sible pour un corps de nation, qui, dé-
sertant de plus en plus son principe, incapable de s'attacher à aucun autre, se
sent entraîné vers l'abîme, sans pou-

voir s'arrêter nulle part. Vous deman-
dez pourquoi vous périssez? je vais
vous le dire. Vous périssez parce que
vous vous reniez, et que par là vous ces-
sez de rien représenter dans le monde,
si ce n'est le néant lui-même. Faut-il
chercher ailleurs une autre raison pour
expliquer votre déchéance prématurée
et cette extraordinaire incapacité dont
vous vous sentez saisis? Tous vos ennemis représentent quelque chose, les
uns la monarchie, les autres l'aristocratie. Vous seuls vous ne représentez
plus rien en Europe. Vous n'avez plus
de cause, parce que, encore une fois,
vous vous reniez vous-mêmes. Cela ne
suffit-il pas? On connaît le châtiment
des individus qui apostasient : ils sont

mis au ban des nations, et expirent dans le désert. Mais un peuple apostat, mais une société, une démocratie qui se renierait elle-même, c'est là ce que le monde n'a point encore vu. L'isolement, le bannissement hors de l'humanité même serait, sans doute, le supplice attaché à ce crime nouveau; on dirait que ce châtiment d'Ismaël a déjà commencé, et qu'il se forme autour de nous comme une grande conspiration pour laisser mourir dans le désert social ceux qui renient leurs pères.

A un mal si profond, est-il encore un remède? Oui, il en est encore un, si vous savez, si vous osez l'accepter à temps; car, de tout ce qui précède,

il résulte évidemment, invinciblement,
que ceux qui demandent une réforme
veulent une chose nécessaire au salut
de l'État, que ceux qui la refusent se
précipitent eux-mêmes au-devant d'in-
surmontables dangers. Des hommes
sincères ont pu douter qu'elle fût op-
portune aussi longtemps qu'elle n'a été
exigée qu'au nom de la liberté qu'ils
pouvaient croire suffisamment garan-
tie. Mais aujourd'hui, après l'affreuse
lumière que les affaires extérieures ont
fait jaillir dans toutes les intelligences,
après l'enquête solennelle d'où sont
ressorties, avec une pleine évidence,
la faiblesse, non de la liberté, mais de
l'État, et l'incapacité des Chambres
même à en chercher la cause; après

que toutes les combinaisons ont été épuisées, les choses aussi ébranlées que les personnes, et que l'abîme est demeuré ouvert, je dis que la réforme est devenue une de ces nécessités logiques que les événements déduisent eux-mêmes avec une force à laquelle les hommes sont incapables de se soustraire. Elle est nécessaire pour rendre à ce pays le ressort démocratique qui lui manque, puisque, privé de cet appui, il vient de rester dans l'impuissance, livré impunément à toutes les insultes du monde. Pourquoi l'Europe a-t-elle, en quelque sorte, passé au travers de la France pour atteindre et extirper vos intérêts en Orient? parce qu'elle pensait que vos affaires intérieures sont

telles que tout ressort manque à l'État,
et qu'ainsi l'action vous est interdite.
Ce sont donc ces affaires qu'il faut relever par un moyen efficace, prompt,
énergique; et pour être quelque chose
au dehors il faut être et représenter
quelque chose au dedans. Je doute, qui
que vous soyez, que vous renversiez ce
principe.

En second lieu, une réforme est
nécessaire pour faire rentrer dans le
corps de la nation la bourgeoisie qui,
autrement, tend de plus en plus à se
détacher des intérêts généraux, c'est-
à-dire à mourir socialement. Si son
isolement croissant l'épouvante, qu'elle
rompe la barrière politique qui s'élève
entre elle et le peuple; qu'il n'y ait plus

deux Frances, l'une officielle, l'autre réelle. On se plaint de ce que les pauvres convoitent le bien des riches; et par ce principe que la richesse seule fait le citoyen, qui donc provoque à la convoitise? En s'associant à la transformation sociale qui se prépare, la bourgeoisie peut encore la régler par l'intelligence et la faire entrer dans les voies modérées de la civilisation; au lieu qu'en tout refusant, le déchirement est inévitable, et les plus aveugles entrevoient déjà, dans cet avenir, une infernale lumière. La bourgeoisie a reproché à l'ancienne royauté d'avoir opposé une résistance implacable à l'esprit de son temps, et d'avoir amassé par là une révolution également implacable. Qu'elle se garde de tomber dans la même faute, ou, si elle veut imiter en tout les pouvoirs surannés, qu'au moins l'exemple de leur chute l'avertisse de la sienne.

Enfin, la réforme est devenue le droit commun de la démocratie, puisque c'est le seul moyen désormais de remplir son devoir; et plus je vois maintenant son triomphe assuré, plus aussi je prétends ne la point flatter. Si j'étais convaincu que toute sa pensée fût de briguer la bourgeoisie ou seulement de bien vivre, d'avoir un pain meilleur, de s'engraisser à son tour pour s'endormir dans la même incurie, de ne plus jamais souffrir ni le froid, ni le travail, ni la faim, sans doute je

compatirais à de tels souhaits, mais
sans m'inquiéter ni m'effrayer beaucoup de l'avenir d'hommes qui sauraient si prudemment circonscrire la
nature humaine à la nature physique;
et, comme j'aurais plus d'une fois
souffert des mêmes maux sans me
plaindre, j'attendrais, je demanderais
d'eux la même patience. Oui, si je pen-
sais que la démocratie n'eût rien autre
chose à faire qu'à augmenter et imiter
la bourgeoisie, je serais volontiers d'a-
vis qu'il est assez de bourgeois dans le
monde, et je m'en tiendrais à ce que
je vois. Il en est qui croient que le
jour du repos commencera pour le
peuple au jour de l'émancipation; et
moi, je crois, au contraire, que c'est

alors que commencera pour lui le vrai travail, le dur labeur. En naissant à la vie politique et sociale, il naîtra à l'inquiétude, à la douleur, aux incommensurables soucis. Voilà à quoi il faut qu'il se prépare, non pas au miel de la terre promise. Non, non, ne croyez pas qu'il vous suffirait, pour régner à votre tour, de posséder un instant la richesse, d'être vêtus comme les rois, de vous enivrer à l'ancienne coupe, que vous auriez dérobée à leurs lèvres ; ne croyez pas, si vos instincts ne s'élèvent, que la couronne s'abaissera sur vos fronts, ni que le monde descende pour subir patiemment votre domination. Surtout n'espérez pas qu'il vous laisse dormir dans la paresse, sur l'o-

reiller des rois; au contraire, il vous
faudra souffrir tous les maux de l'âme
et du corps pour relever ce pays et ré-
sister à ses nombreux ennemis; il vous
faudra labourer, sans relâche, dans
un sol plus rude que celui de vos sil-
lons, semer les pensées de vos cœurs
pour faire germer l'épi glorieux que
vos fils moissonneront. Supposé que
vous ne veniez que pour vous-mêmes,
vous seriez balayés plus promptement
que tous les usurpateurs qui se sont
un moment vantés d'être les guides du
genre humain. Si vous ne sentez aujourd'hui même, au milieu de vos
haines, cette grandeur qui, disparue
des choses, se retire, dit-on, au moment du péril, dans le cœur des peu-

ples menacés, cette magnanimité, com-
pagne de la force et emblème de la
souveraineté, et plus que cela, cet
amour saint de la France qui, réunis-
sant, embrassant, fomentant dans son
vaste giron tout ce qui ailleurs est
divisé, peut seul désormais, comme le
miracle de Jeanne d'Arc, la sauver et
la ressusciter; si, pour tout instinct
social, vous apportez le besoin de nous
venger de ceux qui nous oppriment,
il n'est plus d'avenir ni pour vous ni
pour nous. Serfs de votre colère, de
vos désirs, de votre haine, vous reste-
rez serfs de tout ce que votre œil verra,
et l'heure de l'émancipation n'arrivera
jamais. Gardez-vous bien de ménager
au monde la même déception que celle

que vous reprochez à la bourgeoisie d'avoir causée. Plutôt mille fois ne dussiez-vous jamais sortir du néant! Ou démettez-vous de l'espérance, ou préparez vos cœurs à la noblesse que vous reprochez à vos maîtres de ne pas posséder. C'est par des vertus patientes et des efforts prodigieux de courage que les anciennes aristocraties se sont fondées et qu'elles ont payé l'obéissance de nos pères. C'est au même prix que la démocratie doit gagner, aujourd'hui, sa place et son nom. Au lieu de compter si illusoirement sur le repos, sur la jouissance prématurée, et les voluptés d'un petit nombre, c'est-à-dire sur les satisfactions des pouvoirs vieillis, je voudrais donc bien plutôt qu'elle se

préparât à la vérité, c'est-à-dire aux
dures épreuves, aux fatigues, aux longues journées, à la faim, à la soif, à
la mort rapide, à tout ce qui paye la
victoire d'une bonne cause encore en
litige. Royautés, oligarchies, toutes se
sont établies par de grands services
rendus au monde; et la démocratie
prétendrait tout gagner sans rien faire,
ou faisant tout à son profit! Non, cela
ne peut pas être, cela ne sera pas. Ou
vous mériterez le trône de l'avenir, ou
vous ne l'occuperez pas. Ou vous serez
meilleurs que vos maîtres, ou vous ne
les remplacerez pas. Quoi donc! êtes-
vous las avant d'avoir rien fait? Voulez-vous, pour signe de votre jeunesse,
l'inaction des vieillards, et êtes-vous

si ambitieux de mourir avant de naître?

Parmi les adversaires les plus dangereux de tout changement, je me défie principalement de ceux qui prétendent qu'une réforme politique est un leurre et qu'une réforme sociale mérite seule leur attention; ce qui revient à dire qu'il faut atteindre le but et rejeter le moyen, tout supporter si l'on ne peut tout renverser, et, avec la prétention immodérée du changement, s'assoupir dans le quiétisme. Quelques-uns, mettant d'un côté la France et de l'autre le monde, se font je ne sais quel devoir d'immoler leur pays à un fantôme qu'ils appellent humanité, comme si cette distinction existait ailleurs que dans leur esprit,

comme si leur pays ne faisait pas, aussi
bien que tous les autres, partie vivante
du genre humain. Je suppose qu'en
vertu de ce principe, chaque nation
voulût ainsi s'atténuer, s'effacer, s'hu-
milier, au lieu de se développer selon
toute l'énergie de ses forces naturelles,
que deviendrait la véritable humanité,
qui n'est rien autre chose que le résul-
tat de l'émulation de tous? elle s'atté-
nuerait dans la même proportion, et le
sublime de cette théorie serait atteint,
lorsque tous les peuples se retirant,
s'abaissant, fuyant l'un devant l'autre,
cette humanité dont ils parlent ne serait plus qu'un grand néant, engen-
dré par la peur et le sophisme. D'autres enfin commencent à soupçonner

que l'honneur ou la honte, la prospérité ou la décadence d'un peuple
pourraient bien n'être que des paroles
vides, et qu'en tout cas la fortune
privée se concilie sans peine avec la
ruine de la fortune publique. Il ne
faut pas leur laisser ce refuge. S'il
est vrai, comme ils le disent, que la
France change de tempérament, que
de militaire elle devienne industrielle,
ce nouveau développement de son esprit ne peut s'accorder qu'avec le développement naturel de sa force publique; et ce n'est pas, je pense, en
disparaissant de la terre qu'elle prétend
s'enrichir. Que l'on me montre un seul
peuple commerçant qui n'ait su se faire
respecter de ses voisins et dont l'in-

dustrie ne soit tombée en même temps que la politique. Parmi nous, ce rapport est frappant. Notre politique, en se resserrant, rapetisse le commerce ; le commerce, en se restreignant, rapetisse la politique; dans ce cercle vicieux où la misère publique et privée s'engendrent mutuellement, sans protection, sans colonies, sans crédit, exclus de la terre et de la mer, il arriverait un moment où il ne resterait d'issue qu'à cet esprit banqueroutier, qui, au moment où les autres peuples prendraient possession de tous les débouchés du globe, se dévorerait lui-même dans des jeux désespérés, lesquels sont à la vraie industrie ce que les utopies et les complots sont à la vraie politique.

Déjà, en effet, la plupart des issues vous sont fermées ; tous les alliés qui vous couvraient ayant été abattus les uns après les autres, le premier coup que l'Europe frappera ne peut manquer de vous atteindre directement vous-mêmes ; et il n'y aura pas de sophisme au monde qui vous empêche de sentir et d'avouer la blessure. Que prétendez-vous faire lorsque ce moment viendra ? car il arrivera, rien ne peut désormais l'arrêter. Vous rejeter encore les uns aux autres la cause de nos maux ? Mais quelle patience tiendrait à ce spectacle deux fois présenté sous le même règne ? Colporter votre alliance d'un peuple à un autre, du couchant au levant ? Mais qui est assez aveugle pour ne pas voir que, tant que nous ne sommes rien par nous-mêmes, cette alliance ne sera acceptée de notre part que comme une sujétion absolue? Dire encore : *Nous ne sommes pas prêts?* O les plus insensés des hommes, si vous n'êtes les plus criminels! La Providence vous accorderait encore un siècle de répit, que, si vous continuiez d'agir comme vous faites contrairement à votre principe, vous arriveriez les mains vides au soir de la bataille. Déjà vous ne pouvez creuser un fossé autour de Paris sans que, d'une part, la France demande si c'est pour défendre ou pour accabler la ville, et que, de l'autre, l'Europe réclame son droit de libre entrée. Ce que l'on aurait cru

hier impossible, une question qui, par
sa nature, n'en est une que pour les
géomètres, n'est plus que la matière
d'une intrigue bysantine. Voilà où
vous en êtes aujourd'hui. Demain, le
temps, au lieu de vous être utile, profi-
tera contre vous, car plus votre situation
intérieure est fausse, plus elle engen-
drera, en durant, de faiblesses et de
faussetés au dehors. Les rois ont intérêt
à vous frapper; les peuples ne voient
plus quel intérêt ils ont à vous défendre. Jusqu'à quand faudra-t-il répéter cette vérité triviale? Jusqu'à ce
qu'elle ait pénétré dans vos esprits et
qu'elle vous ait obligés de changer de
système et de conduite. Souvenez-vous
de l'exemple déjà cité de cette femme

qui, apportant à un roi de Rome le livre des destins, en demanda un grand prix qui lui fut contesté. Elle livra aux flammes trois volumes, et demanda le même prix pour ceux qui restaient : il lui fut refusé. Elle en brûla trois autres, exigeant pour ceux qu'elle avait conservés un plus grand prix que pour tous les autres ensemble. On fut forcé de le lui accorder. Cette femme qui porte dans ses mains l'avenir des peuples vous a déjà apparu deux fois, en 1830 et en 1840 ; deux fois vous avez refusé. Prenez garde qu'à la troisième vous ne soyez obligés de payer chèrement chaque jour de retard ; ou bien (car c'est là votre dernier refuge), si vous avez le courage de dire que la France admet elle-même son abaissement, qu'elle abdique volontairement sans se plaindre, cette réponse ramènera encore une fois la conséquence que vous craignez le plus et que chaque mot fait éclater, à savoir, que l'on ne peut user de formes trop solennelles pour reconnaître et constater une volonté semblable, et que puisqu'il s'agit du suicide d'un peuple, c'est le moment ou jamais de consulter ce peuple tout entier sur cette étrange manie de périr dont vous le prétendez infatué.

La question qui s'agite aujourd'hui entre la démocratie française et les aristocraties européennes a déjà été débattue dans un autre ordre de civilisation, entre Athènes et Sparte. Quelle fut alors la pensée constante des hommes d'Etat athéniens? Ils associèrent, ils attachèrent à leur cause tous les peuples qui avaient avec le leur une conformité naturelle d'institutions, de goût, de lois, d'esprit public; ils rangèrent en bataille autour d'Athènes les démocraties contre les aristocraties, qui, de leur côté, s'étaient coalisées autour de Sparte. C'est là tout le sujet de Thucydide. Je vois bien que les chefs des aristocraties modernes agissent dans le même esprit que les anciens. Ils ont fait, comme eux, un faisceau; ils se sont alliés, comme eux; tandis que, de notre côté, nos hommes d'Etat ont conduit au dernier abandon ceux que l'on a longtemps appelés les Athéniens modernes; et seuls, dans le présent, ils sont encore, pour ainsi parler, plus seuls dans le passé.

Grande nouvelle! disent-ils. Laquelle? Nous avons un ami dans le monde. Voilà assurément quelque chose de nouveau; et cet ami, quel est-il? La Russie, qui nous bafouait hier; la Russie, qui, aujourd'hui, en ce moment même, entretient, nourrit, solde contre nous toutes les haines publiques et privées de l'autre côté du Rhin; la Russie, la seule puissance de terre qui prétende nous enlever la suprématie du continent, vient de nous sourire. Nous allons nous jeter dans ses bras, grossir son cortége, et chan-

geant, non de système, mais de dépen-
dance, nous faire son agent, en atten-
dant qu'elle devienne le nôtre : car
nous venons de découvrir que notre
unique rivale sur terre a pour intérêt
de nous agrandir; que le pouvoir absolu a la même cause que la démocratie, le meurtrier de la Pologne le même
but que son protecteur, l'ennemi de
la révolution le même esprit que ses
ministres. S'il reste là quelque contra-
diction faite pour étonner les simples,
elle disparaît devant notre profondeur.
En effet, ceux qui sont tombés dans le
piége de l'Angleterre doivent se préci-
piter dans le piége de la Russie. Cela
est conséquent : d'une servitude cou-
rant à l'autre, il faut qu'ils aboutis-

sent à un traité moscovite du 15 juillet.

Non, non, le mal est devenu trop grand pour parler du bout des lèvres, et la fiction ne liera pas toujours la vérité. Vous croyez avoir acquis le repos; tout au contraire, depuis que la faiblesse intérieure a été publiquement étalée, l'Europe se persuade que nous nous abandonnons nous-mêmes; et il n'est aujourd'hui prince ou peuple portant bât qui ne croie l'occasion bonne pour donner le coup de pied au lion devenu vieux, en sorte que la guerre n'a jamais paru si redoutable que depuis que vous avez acheté la paix.

Que faut-il donc faire? Je l'ai dit, et puisqu'en de pareilles matières on ne peut être trop précis, je le redirai

encore : faire tout le contraire de ce
que l'on fait depuis dix ans, travailler
à unir les classes, ne plus s'interposer
entre elles pour les mieux diviser, do-
miner les factions, ne plus être soi-
même une faction, surtout ne pas
garder un jour de plus l'espoir d'inti-
mider au dedans en craignant tout au
dehors. Secondement, je demande à la
bourgeoisie de revenir à son principe,
et d'oser par la réforme le confesser,
le déployer en face de l'Europe; à la
démocratie, je demande de ne pas imiter ceux qu'elle blâme, en convoitant
l'autorité pour tout renverser à son
profit. Voilà ce qu'il me semble nécessaire de dire et de faire aujour-
d'hui. Mais si, comme on ne manquera

pas de le répéter, tout cela est insensé, s'il est chimérique d'espérer qu'en présence d'un danger presque égal, la royauté, la bourgeoisie, la démocratie se fassent les unes aux autres les moindres concessions, si personne ne veut rien céder de son système, de ses colères, de ses vengeances, de son intérêt, si, en présence de l'Europe ennemie, tout ralliement demeure impossible, je ne dis pas encore que je désespère de la fortune de la France, je dis seulement qu'au lieu de tant songer à bien vivre, il serait temps pour beaucoup d'entre nous de songer à bien mourir.

Le cercueil que nous avons vu passer hier, et que tant d'hommes vont visiter chaque jour, renferme à ce sujet la vérité toujours vivante que la mort rend plus visible; car si l'on demande pourquoi, sous le règne de celui qu'il contient, la France a été puissante, ce n'est pas seulement parce que Napoléon a été grand, mais surtout parce qu'il n'y avait pas dans la bataille deux Frances, l'une officielle, l'autre réelle, mais que tout était vérité, et qu'il n'y avait point de fiction sous la mitraille. Voilà pourquoi la France a rempli le monde de sa puissance; et c'est parce qu'elle est officiellement partagée, qu'elle le remplit aujourd'hui de la renommée de sa faiblesse. Il n'y avait, que je sache, ni bourgeois, ni prolétaires, ni France légale ou illégale à Arcole, à

Marengo, à Austerlitz. Il y avait des
hommes qui, tous, ont gagné pour eux-
mêmes et pour leurs descendants le
droit de cité. C'est là que la démocratie française a reçu son baptême; elle
ne périra que si elle apostasie. Bourgeois et prolétaires, vous êtes, quoi
que vous en disiez, frères par l'origine
et par trente années de batailles, sou-
tenues ensemble pour la même cause.
L'Europe connaît votre sang aux uns
et aux autres, elle ne le distingue pas;
si vous voulez vous séparer, commen-
cez par retrancher du passé ces longues
journées où vous portiez le même nom;
effacez du souvenir des hommes ce
sang versé ensemble dans le même
sillon, oubliez vos blessures reçues du

même coup. Alors, vous pourrez dire
que vous appartenez à deux camps
opposés; que vos intérêts ont toujours
été distincts, vos causes ennemies, et
qu'il faut, pour votre bien, vous ra-
baisser, vous annuler, vous immoler
mutuellement, et le monde vous croira.
Mais tant que la mémoire d'une seule
de ces journées subsistera, l'Europe
entière s'obstinera à vous appeler du
même nom, à vous attribuer la même
cause, à vous haïr, à vous aimer, à
vous combattre ensemble; et tous vos
efforts pour vous partager ne serviront
qu'à vous détruire, sans que vous
puissiez espérer que le monde con-
sente à partager ce que le péril com-

mun, suivi de tant de gloire, a si longtemps réuni.

Voulez-vous donc redevenir dans la
paix ce que vous étiez dans la guerre?
consentez à être ce que la nature vous
a faits, le peuple de la démocratie par
excellence. Le remède est simple, mais
il n'en est pas d'autre. Je ne prétends
pas que par là vous obtiendrez immé-
diatement la félicité que je ne vois
nulle part dans les choses humaines. La
terre ne se changera pas pour vous en
un Éden; vous n'effacerez ni la douleur
ni la mort; les uns n'obtiendront pas
en un moment un repos sans mélange;
quant aux autres, il ne leur suffira
pas de convoiter l'or des riches pour le

posséder ; au contraire, vous aurez les inconvénients nombreux des sociétés démocratiques ; mais, du moins, vous en recueillerez les avantages ; vous représenterez quelque chose de grand dans le monde, et cette grandeur relèvera vos pensées et vos actions. Quoi qu'il arrive de vos destinées, au lieu de cet affreux mépris que vous vous rejetez à pleines mains les uns aux autres, vous aurez pour vous cette estime qui s'attache à des hommes qui, ayant adopté une cause, la défendent jusqu'au bout, dédaignant de paraître autre chose que ce qu'ils sont en effet.

Paris, ce 25 décembre 1840.